Georg Popp · Der neue Tag ist meine Chance

Georg Popp

Der neue Tag ist meine Chance

Hier und heute finde ich mein Glück

Edition Starthilfe

Verlag Friedrich Pustet Regensburg

Für Schwester Veritas Liebl OSA
und allen ihren Mitschwestern,
die vielen kranken, alten und einsamen Menschen
Liebe und Hoffnung schenken

Die Deutsche Bibliothek – CIP-Einheitsaufnahme

Popp, Georg:
Der neue Tag ist meine Chance : Hier und heute finde ich mein Glück / Georg Popp. – Regensburg : Pustet, 1994
(Edition Starthilfe)
ISBN 3-7917-1431-7

ISBN 3-7917-1431-7

Umschlagmotiv: Donau-Ried b. Dillingen
aus: B. J. u. H. Weigand, Unterwegs in Bayerisch-Schwaben und im Allgäu, Regensburg 1986, S. 65
Umschlaggestaltung: Peter Loeffler, Regensburg
Gesamtherstellung: Friedrich Pustet, Regensburg
Printed in Germany 1994

Inhalt

Träume

Wenn wir nur einmal
unseren idealen Arbeitsplatz,
den vollkommenen Partner
oder den wirklichen Sinn unseres Lebens
gefunden hätten …

Dann würden wir Großes vollbringen.

Ein anderer Traum:
Wie schön,
wie gut,
wie herrlich
war es doch früher …

Damals war alles
viel einfacher,
viel besser,
viel billiger …

Mit unseren Träumen und Wunschvorstellungen
aber leben wir immer an der Wirklichkeit vorbei.

Mit allen *Wenn* und *Aber*
verderben wir uns
die Freude am heutigen Tag.

Nur hier und jetzt finden wir unser Glück.

»Bejahe den Tag,

wie er dir

geschenkt wird«

Saint-Exupéry

Liebe den Tag

Es gibt keinen anderen.
Keinen besseren.
Keinen schöneren.

Liebe den Tag,

auch seinen Regen, die Wolken,
seine Hitze und Kälte,
seine Stürme und seine Einsamkeit.

Denn alles ist von Gottes Weisheit
zum Segen für dich bestimmt.

Liebe den Tag,

denn es ist dein Tag,
der Tag, den der Herr für dich gemacht hat.

Wenn du ihn annimmst, wird er sich verändern.

Liebe den Tag,

Denn auch heute kannst du aktiv
und mit allen Sinnen gegenwärtig sein,
den Reichtum deines Da-Seins ausschöpfen,
und viele kleine Freuden entdecken.

Der heutige Tag ist deine Chance.

Das große Abenteuer

unseres Lebens –

das Geheimnis

unseres Glücks:

Immer wieder

einen neuen Anfang

machen zu können.

Der heutige Tag ist meine Chance

Was auch geschehen sein mag.
Wieviel Sorgen und Ängste
mich bedrücken mögen:

Hier und jetzt,
in diesem Augenblick,
kann ich wieder
einen neuen Anfang machen.

Heute habe ich die Chance,

einen Schritt weiterzukommen,
Probleme zu klären,
Fehler zu korrigieren,
mich auszusöhnen,
mein Leben zu verändern …

»Carpe diem«
sagten die alten Römer:

Ergreife den Tag.

Nütze deine Möglichkeiten.

Es gibt nur die von heute.

Der heutige Tag ist meine Chance.

»Der Mensch

ist immer so glücklich,

wie er entschlossen ist,

es auch zu sein«

Abraham Lincoln

Glück

ist keine Sache des Reichtums
oder der erfüllten Wünsche.

Glück kommt uns auch nicht zugeflogen.

Schon gar nicht finden wir es erst in der Zukunft.

Glücklichsein ist eine Frage
der Offenheit meines Herzens,
ein Zustand meines Geistes.

Wie können sich Kinder freuen und glücklich sein
über einen Käfer im Gras,
eine Blume am Wegrand,
einen Schmetterling im Sonnenstrahl ...

Glück kommt von innen.

Es ist eine Frage meiner Einstellung.

Und meiner persönlichen Entscheidung:

Es liegt allein an mir,
ob ich heute glücklich
oder unglücklich sein will.

»Das Leben fängt an,

glücklich zu werden,

wenn man alles, was kommt,

aus Gottes Hand nehmen kann«

Karl Hilty

Heute will ich glücklich sein

Heute will ich alles so annehmen,
wie es mir begegnet.
Denn nur hier und jetzt
kann ich mein Glück finden.

Im Einklang mit der Natur,
im Rhythmus meiner persönlichen »Gezeiten«,
in der Liebe zu meiner Familie,
in der Bejahung meiner Mitmenschen,
in der Freude an meiner Arbeit …

Heute will ich
in allen Begegnungen und Ereignissen
das Gute suchen.

Und den heutigen Tag
ganz bewußt und aufmerksam
erleben.

Heute will ich glücklich sein

– und nicht erst morgen.

Es ist besser,

eine kleine Initiative

zu entwickeln,

als über den grauen Alltag

zu jammern.

Heute kann ich

klagen, jammern,
trödeln,
meine Zeit verschlafen …

Heute kann ich aber auch

eine längst fällige Arbeit erledigen,
meinen Alltag ordnen,
etwas für meine Bildung tun,
Zeit haben für meine Hobbies,
mich wieder einmal selbst verwöhnen …

Hier und heute finde ich mein Glück.

Hier und jetzt

kann ich meinem Leben einen Sinn geben.

Der neue Tag ist meine Chance.

Nur hier und heute

– nicht gestern

und nicht morgen –

finde ich mein Glück

und die Freude am Leben.

In diesem Augenblick

Ich atme – jetzt.
Ich denke – jetzt.
Ich fühle – jetzt.

Jetzt – in diesem Augenblick –
lebe ich mein Leben.

Abschalten,
ausruhen,
erholen,
hören,
schauen,
arbeiten,
meditieren:

der Augenblick ist mein Da-Sein.

Nur in diesem jetzigen Augenblick
kann ich denken, handeln,
mich freuen,
Erfüllung finden,
Glück erfahren ...

Der Augenblick ist meine Welt.

In jedem Augenblick

treffen sich zwei Ewigkeiten:

Vergangenheit und Zukunft.

Ich kann mich von ihnen

zerreißen lassen.

Oder im Hier und Jetzt

zur Ruhe kommen.

Die Kunst des Lebens

Kinder leben und genießen
den Augenblick.

Für den Weisen
bedeutet jeder Tag
einen neuen Anfang,
neue Chancen,
neue Möglichkeiten.

»Erwachsene«
ärgern sich über die Vergangenheit,
sorgen sich um die Zukunft,
lassen sich
wegen gestern und morgen
aus dem Gleichgewicht bringen.

Lebenskünstler erfreuen sich am Hier und Jetzt.

Der Augenblick ist ihre Welt.

»Vergangenem nachtrauern

heißt

Gegenwärtiges versäumen«

Griechische Lebensweisheit

Vorbei ist vorbei

Geschehen ist geschehen.

Wir können die Vergangenheit
nicht zurückholen.

Was ich gestern
– oder vor zehn Jahren –
versäumt oder falsch gemacht habe,
habe ich versäumt oder falsch gemacht.

Rückwirkend kann ich daran nichts mehr ändern.

Nur daraus lernen ...

Und durch mein Gutsein heute
die Fehler von gestern heilen
und vergessen machen.

Vorwürfe und Schuldgefühle
kosten nur unnötige Energien,
lenken mich ab von meinen heutigen Aufgaben
und führen zu neuen Versäumnissen.

Heute geschieht mein Leben.

Der heutige Tag ist meine Chance.

»Ihr könnt

nicht zweimal

in denselben Fluß

steigen«

Heraklit

Der Fluß strömt dahin …

Das Leben geht weiter.
Die Natur blüht und verblüht.
Die Zeit rinnt davon.

Wir können nichts aufhalten.

Aber wir können
die Herausforderungen
des heutigen Tages bestehen.

Es gibt so viele Gelegenheiten,
unsere Talente einzusetzen,
Freude zu erfahren,
Liebe zu verschenken,
unserem Leben einen Sinn zu geben:

Der heutige Tag ist unsere Chance.

»Wir sind

dafür verantwortlich,

daß wir heute

etwas besser machen,

das wir gestern noch

falsch gemacht haben«

Sir Karl Popper

Das Gestern ist vorbei

Mein Ärger,
meine Enttäuschungen,
meine Ausrutscher,
mein Versagen:

Ich kann nichts mehr ungeschehen machen.

Aber ich kann heute
Gutes tun,
Neues schaffen,
Mißverständnisse ausräumen,
mir selbst vergeben ...

Heute kann ich einen neuen Anfang machen:

Meine Zeit sinnvoll nutzen.

Werkzeug Seiner Gnade sein.

Der neue Tag ist meine Chance.

Die Welt brennt

und ihr pennt ...

Schlaf weiter,

wenn du kannst.

Die Welt brennt

Über 60 Kriege im letzten Jahr.
Hungersnöte, Stammesfehden,
Überfälle, Brutalitäten, Terror …

Alkoholiker, Drogenabhängige, Rachsüchtige …

Streitigkeiten in der Familie,
Ungerechtigkeiten am Arbeitsplatz,
Rücksichtslosigkeit im Straßenverkehr …

Kinder, die abgelehnt,
geschlagen und mißhandelt werden …

Müssen wir das alles nur machtlos ertragen?
Hiflos dabei zuschauen?

Natürlich muß ich meine Grenzen sehen.
Ich kann die Menschheit nicht verändern.

Aber auch ich kann heute Not wenden
und Licht in die Welt bringen:

Hilflosen beistehen,
Zeit haben für Einsame,
Geduld mit Kranken,
Verständnis für Schwächere zeigen …

Auch in deiner Umwelt
findest du Not und Verlassenheit.

Schlaf weiter, wenn du kannst.

Nach unserem Tod

werden wir einmal nicht gefragt werden,

an wievielen katholischen Wallfahrten,

evangelischen Gottesdiensten

oder freikirchlichen Gebetskreisen

wir teilgenommen haben.

Wonach der Weltenrichter urteilt

»Wenn der Menschensohn in seiner Herrlichkeit kommt, begleitet von allen Engeln, wird er sich auf den königlichen Thron setzen. Alle Völker der Erde werden vor ihm versammelt werden, und er wird die Menschen in zwei Gruppen teilen ...

Dann wird der König zu denen auf der rechten Seite sagen: ›Kommt her! Euch hat mein Vater gesegnet. Nehmt Gottes neue Welt in Besitz, die er euch von Anfang an zugedacht hat. Denn ich war hungrig, und ihr habt mir zu essen gegeben; ich war durstig, und ihr habt mir zu trinken gegeben; ich war fremd, und ihr habt mich bei euch aufgenommen; ich war nackt, und ihr habt mir Kleider gegeben; ich war krank, und ihr habt für mich gesorgt; ich war im Gefängnis, und ihr habt mich besucht.‹

Dann werden die, die Gottes Willen getan haben, fragen: ›Herr, wann sahen wir dich jemals hungrig und gaben dir zu essen? Oder durstig und gaben dir zu trinken? Wann kamst du als Fremder zu uns und wir nahmen dich auf, oder nackt und wir gaben dir Kleider? Wann warst du krank, und wir sorgten für dich, oder im Gefängnis, und wir besuchten dich?‹

Da wird der König antworten: ›Ich will es euch sagen: Was ihr für einen meiner geringsten Brüder getan habt, das habt ihr für mich getan.‹

Dann wird er zu denen auf der linken Seite sagen: ›Geht mir aus den Augen, Gott hat euch verflucht!

Fort mit euch in das ewige Feuer, das für den Satan und seine Helfer vorbereitet ist! Denn ich war hungrig, aber ihr habt mir nichts zu essen gegeben; ich war durstig, aber ihr habt mir nichts zu trinken gegeben; ich war fremd, aber ihr habt mich nicht aufgenommen; ich war nackt, aber ihr habt mir keine Kleider gegeben; ich war krank und im Gefängnis, aber ihr habt euch nicht um mich gekümmert.‹

Dann werden auch sie ihn fragen: ›Herr, wann sahen wir dich jemals hungrig oder durstig, wann kamst du als Fremder, wann warst du nackt oder krank oder im Gefängnis – und wir hätten uns nicht um dich gekümmert?‹

Aber er wird ihnen antworten: ›Ich will es euch sagen: Was ihr an einem von meinen geringsten Brüdern zu tun versäumt habt, das habt ihr an mir versäumt.‹

Auf diese also wartet die ewige Strafe. Die anderen aber, die Gottes Willen getan haben, empfangen das ewige Leben.«

(Matthäus 25,31–46)

Was ich heute tun kann

Ein offenes Herz haben.

Auf den Ruf Gottes achten.

Mein Denken und Tun auf Ihn ausrichten.

Meine Fähigkeiten so einsetzen,

daß immer mehr »Sein Reich komme ...«

Im Suchen nach »Seinem Willen«
nicht achtlos
an den wirklich Notleidenden
vorbeigehen.

Im »Leben mit Ihm«
dazu beitragen,
daß die Not heute geringer und
der Frieden in der Welt größer wird.

Hier und jetzt kann ich not-wendige Dinge tun.

Es scheint nicht immer die Sonne.

Eltern versündigen sich

an ihren Kindern,

wenn sie ihnen alle Widrigkeiten

aus dem Weg räumen wollen.

Menschen wachsen und reifen

an ihren Schwierigkeiten.

Schwierigkeiten und Probleme

Seien es Widrigkeiten des Alltags,
Probleme im Beruf oder in der Familie,
oder gar eine persönliche Behinderung:

Meine Situation wird nicht besser,
wenn ich mich vor meinen Schwierigkeiten
verkriechen oder ihnen davonlaufen will.

Liegen manche unserer Unsicherheiten nicht an
einem mangelnden Glauben
an Gottes helfende Gegenwart?
Er will mir ja beistehen in den Stürmen
und Reifeprozessen meines Lebens.

Versuchen wir heute wieder einmal neu,
uns entschiedener zu Gott zu bekennen
und uns in einem großen Vertrauen
an ihn zu wenden:

»Ich vertraue darauf,
daß Du größer bist,
als alle meine Schwierigkeiten.
Im Schauen auf Dich will ich heute vor ihnen
nicht ausweichen und nicht fliehen.
Danke, daß Du mir die Kraft
und die Freiheit schenkst,
mich den Problemen meines
heutigen Tages zu stellen.«

»Die meisten meiner Sorgen

und Ängste,

die ich mir um die Zukunft gemacht habe,

sind nie eingetroffen«

Sven Hedin

Den Augenblick ergreifen

Der Mensch ist so geschaffen,
daß er die Last eines ganzen Tages
tragen kann.

Aber auch nicht mehr.

Wo wir uns Sorgen um morgen
oder Vorwürfe wegen gestern
machen,
versäumen wir
die Chancen unseres heutigen Tages.

Wer den Augenblick ergreift
und heute das Notwendige erledigt,
braucht vor dem Morgen
keine Angst zu haben.

Der heutige Tag ist unsere Chance.

NUR FÜR HEUTE

werde ich mich bemühen,
den Tag zu leben,
ohne das Problem meines Lebens
auf einmal lösen zu wollen.

NUR FÜR HEUTE werde ich mich
den Gegebenheiten anpassen,
ohne zu verlangen,
daß sich die Gegebenheiten
an meine Wünsche anpassen.

NUR FÜR HEUTE
werde ich etwas tun,
wozu ich eigentlich keine Lust habe.

NUR FÜR HEUTE
werde ich nicht danach streben,
die anderen zu kritisieren
oder zu verbessern – nur mich selbst.

NUR FÜR HEUTE
werde ich eine gute Tat vollbringen.

NUR FÜR HEUTE
werde ich zehn Minuten meiner Zeit
einem guten Buch widmen.

NUR FÜR HEUTE
werde ich keine Angst haben.

NUR FÜR HEUTE

werde ich mir ein Programm aufstellen.
Vielleicht halte ich mich nicht genau daran, aber ich werde es aufsetzen.

Und ich werde mich vor zwei Übeln hüten:
Vor der Hetze
und der Unentschlossenheit.

NUR FÜR HEUTE
werde ich glauben –
selbst wenn die Umstände das Gegenteil zeigen sollten –,
daß Gott für mich da ist,
als gäbe es sonst niemand auf der Welt.

Ich will mich nicht entmutigen lassen durch den Gedanken, ich müßte dies alles mein ganzes Leben lang durchhalten.

HEUTE ist es mir gegeben,
das Gute während zwölf Stunden zu wirken.

Johannes XXIII.

»Ohne mich stolpert ihr,

weil ihr das Licht

nicht bei euch habt ...«

»Wenn ihr mit mir vereint bleibt,

werdet ihr reiche Frucht bringen.

Ohne mich aber ist alles umsonst«

Jesus Christus
(Johannes 11,10; 15,5f)

Das einzig Not-wendige

Wenn ich mein Leben einmal in Ruhe überschaue,
kann ich leicht feststellen:
Es gibt im Laufe eines Tages manche Gründe,
sich unsicher und hilflos zu fühlen.
Es gibt aber ebenso viele Ursachen,
Gott für vieles zu danken,
das er mir täglich zu-fallen läßt.

Es liegt an meiner persönlichen Einstellung:
Wo ich ständig nur um mich kreise,
alle meine Konflikte selbst lösen
und jede Widrigkeit allein ausräumen möchte,
werde ich mich auch sehr bald
allein und hilflos fühlen.

In der immer wieder neuen Hinwendung zu Gott lebe ich bewußter –
weil ich mehr nachdenke, öfters zur Besinnung komme –,
wird mein Denken positiver,
mein Tun konzentrierter,
mein Alltag mit mehr Kraft und Freude erfüllt.

»Du leitest und schützt alle, die dir vertrauen,
das macht mir Mut.
Keiner, der sich auf seine eigene Kraft verläßt,
erringt den Sieg ...
Du bist mir nahe, du stehst mir zur Seite,
darum fühle ich mich sicher.
Du zeigst mir den Weg zum Leben.
Aus deiner Hand kommt ewiges Glück.«
(*Frei nach 1 Samuel 2 und Psalm 16*)

»Ich bin dein Licht.

Meine Herrlichkeit

leuchtet über dir

wie die Sonne«

(Jesaja 60,1)

Ich bin dein Licht

Steh auf aus deinem Bett,
aus dem Bett deiner Befürchtungen und Bedenken,
deiner Zweifel und Depressionen.

Der Herr will heute auch dich befreien
von allen deinen Nöten und Behinderungen.
Gott will auch dir heute ein Licht schenken
in der Dunkelheit deiner Ängste.

Gott, der Herr unseres Lebens,
möchte dich selbst zum Licht machen:
für deine Familie, deine Lebensgemeinschaft,
zum Licht an deinem Arbeitsplatz,
zum Licht für alle Menschen,
denen du heute begegnen wirst.

Täglich – auch heute wieder –
kannst du neu wählen:

Die Traurigkeit deines »Dich-Allein-Fühlens«.

Oder die Freude und die Kraft
der Gegenwart unseres Herrn.

Gott ist da.

Laß ihn in dir zum Leben kommen:

Die Nähe und die Liebe Gottes –

das ist die Gnade unseres heutigen Tages!

Was heute auch geschehen mag

Ob mir ein schwieriges Gespräch bevorsteht
oder eine wichtige Untersuchung beim Arzt,
ob ich mich momentan noch verlassen fühle
oder voller Tatendrang bin:

Du, der allmächtige, ewige Gott,
bist bei mir.
Du bist allen nahe,
die aufrichtig zu dir beten.
Du erfüllst die Bitten derer,
die dir gehorchen.

Ich ahne Deine Gegenwart.
Du umströmst mich mit Deiner Liebe.
Du schützt und Du umsorgst mich.
Du läßt mich nicht allein.

Begleite Du auch jetzt wieder meine Wege
und leite alle meine Gedanken.

Nur auf Dich will ich heute hören.
Mich Dir ganz anvertrauen.
Und alles Dir überlassen.

Denn Du bist der Herr.
Der Schöpfer meines Lebens.
Der heilige, ewige, liebende Gott.

Dir allein sei Lob und Preis und Ehre.
Jetzt und in jeder Stunde meines Lebens.

(Frei nach den Psalmen 23, 36, 145)

Durchflute mein Herz

Du heiliger, ewiger Gott,
durchflute mein Herz
mit deinem Heiligen Geist.

Durchdringe mein ganzes Sein
und nimm es voll in Besitz,
damit mein Leben immer mehr
ein Ausstrahlen deiner Liebe werde.

Wohne so lebendig in mir,
daß jeder, dem ich begegne,
deine Gegenwart erspüren kann.

Lebe du in mir,
damit ich zu leuchten beginne,
wie du leuchtest.
Und laß all mein Tun und Denken
nur noch aus dir stammen.

Laß mich so leben,
daß mein Leben immer mehr
zu einem Lobpreis deiner Herrlichkeit
und zum Licht für viele Menschen wird.

Erfülle mich mit deinem Heiligen Geist und
entzünde in mir das Feuer deiner Liebe.

(Frei nach einem Gebet von Kardinal Newman)

In ähnlicher Art liegt vor:

Georg Popp
Starthilfe am Morgen

Die mutmachenden Texte dieses Bändchens zeigen uns in vielen Beispielen, wie wir unseren Alltag vom Aufwachen an positiv verändern können.

Georg Popp
Gott in mir
Wege zu mehr Geborgenheit

Im Entdecken Gottes in unserem Herzen läßt Gott uns schon in diesem Leben seine »neue Welt« erfahren. Wir dürfen zu einem Licht werden, das »so hell strahlen kann wie die Sonne«.

Georg Popp
Lobpreis

Dieses Bändchen mit seinen »Gebeten aus der Bibel, die Mut und Kraft schenken«, ist eine wichtige Ergänzung für Ihre »Starthilfe am Morgen«. Das Beten der Bibeltexte hilft Ängste und Depressionen zu überwinden. Probieren Sie es!

Erhältlich in allen Buchhandlungen